Escrito por Kathleen Contreras
Ilustrado por Blanca Dorantes

Versión en español
por Rosa Zubizarreta

SCHOLASTIC INC.

Text copyright © 1995 by Scholastic Inc.
Illustrations copyright © 1995 by Scholastic Inc.
All rights reserved. Published by Scholastic Inc.
Printed in the U.S.A.

ISBN-13: 978-0-590-29384-6
ISBN-10: 0-590-29384-2

SCHOLASTIC, SCHOLASTIC EN ESPAÑOL,
and associated logos are trademarks
and/or registered trademarks of
Scholastic Inc.

9 10   40   25 24 23 22 21 20

Me gustan las conchas.
A mi hermana Silvia le
encantan las flautas.
¡Y a mi hermano Miguel le
fascinan los cerditos!

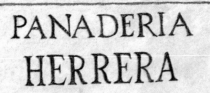

Siempre compramos nuestro pan
dulce en la panadería Herrera.

Queda enfrente del mercado Martínez
y de la dulcería de los Ordóñez.

Al abrir la puerta
de la panadería,
sentimos el dulce
olor del pan.
Corremos hacia
las bandejas.

6

Don Pancho me da una concha de azúcar:
—Pruébala —me dice—, ¿está bastante dulce?
—¡Mmmm! ¡Deliciosa!
—Mi pan lleva harina, manteca y leche.
La leche es el secreto. Hace que el pan sea
más suave y sabroso —me explica.

El pan dulce se prepara de muchas formas distintas. Cada una tiene un nombre especial. Miguel quiere ver cómo se hace el pan.

Don Pancho aprendió el arte de ser panadero
en México. Después se lo enseñó a sus tres
hijos: Francisco, Carlos y Víctor.

—Todavía recuerdo la primera vez que hice una flauta. Casi se podía oír su música —dice Don Pancho.

En el taller, Francisco trabaja la masa.
Ha hecho una muñeca que parece de verdad.
Ahora está trabajando en una trenza.
—¡Cómprame una trenza! —me pide
Miguel, casi a gritos.

Carlos pinta los elotes. Son amarillos como los que se cosechan en el campo, pero aún más dulces. Víctor, el juguetero, junta dos panes para hacer un yoyo.

Nos despedimos de Don Pancho y sus hijos
y salimos para la casa de la abuela.

¡Mi abuela nos espera con la mesa puesta para comer el pan dulce!

Silvia lo come con una
taza de chocolate caliente.

A Miguel, por
supuesto, le gusta
recién salidito de
la bolsa: ¡no puede
esperar ni un
minuto más!

A mí me gusta comer mi pan dulce con un vaso de leche fría.

Y a ti, ¿cómo te gusta el pan dulce?

Pan dulce

¿Cuál te gustaría probar?

Cuerno: pan en forma de media luna, de color café abrillantado.

Chilindrina: pan redondo y suave con gránulos de azúcar en la superficie.

Espejo: pan en forma de disco cubierto de azúcar glasé.

Flauta: pan alargado hecho de masa de canela y decorado con azúcar.

Ladrillo: pan de forma rectangular y cubierto de chocolate.

Polvorón: pan en forma de galleta espolvoreado con azúcar en polvo.

¿Quieres probar el pan dulce? Aquí te doy una receta que puedes hacer fácilmente, con ayuda de un adulto.

Polvorones de naranja

Ingredientes: para 36 polvorones

manteca (8 onzas)
1/2 taza de azúcar (4 onzas)
2 yemas de huevo grandes
1/4 de taza de jugo de naranja (2 onzas)
ralladura de 2 naranjas
4 tazas de harina común (1 libra)
azúcar en polvo

Preparación:

- Calentar el horno a 400 grados (F).
- En un recipiente grande, batir la manteca hasta que esté blanda.
- Agregar poco a poco el azúcar.
- Cuando esté todo bien mezclado, agregar las yemas, el jugo y la ralladura de naranja.
- Incorporar la harina.
- Esparcir harina encima de una mesa.
- Estirar la masa hasta que tenga un grosor de unos 3/4 de pulgada.
- Cortar círculos de 2 pulgadas y medio de diámetro y colocarlos en una bandeja plana untada con manteca y harina.
- Juntar los recortes y repetir el procedimiento hasta que se haya utilizado toda la masa.
- Hornear durante 25 minutos o hasta que los bordes estén dorados.
- Dejar enfriar.
- Espolvorear el azúcar en polvo con un tamiz.

¡Puedes probar un polvorón antes de llevarlos a la mesa!

El pan caliente

—Dormir, dormir, que
cantan los gallos de
Don Agustín.

—No, el panadero se acostó;

—Dormir, dormir, que
cantan los gallos de
Don Agustín.

—Fue por la leña;

—Dormir, dormir, que
cantan los gallos de
Don Agustín.

—Fue por la manteca;

—Dormir, dormir, que
cantan los gallos de
Don Agustín.

—Está amasando la harina;

—Dormir, dormir, que
cantan los gallos de
Don Agustín.

—Está haciendo el pan;

—Dormir, dormir, que
cantan los gallos de
Don Agustín.

—¡Ya está el pan caliente!